Les éditions Crayonas

Cahier de coloriage

Les engins de Chantier

Ce cahier appartient à

WORK
ZONE
5 TON

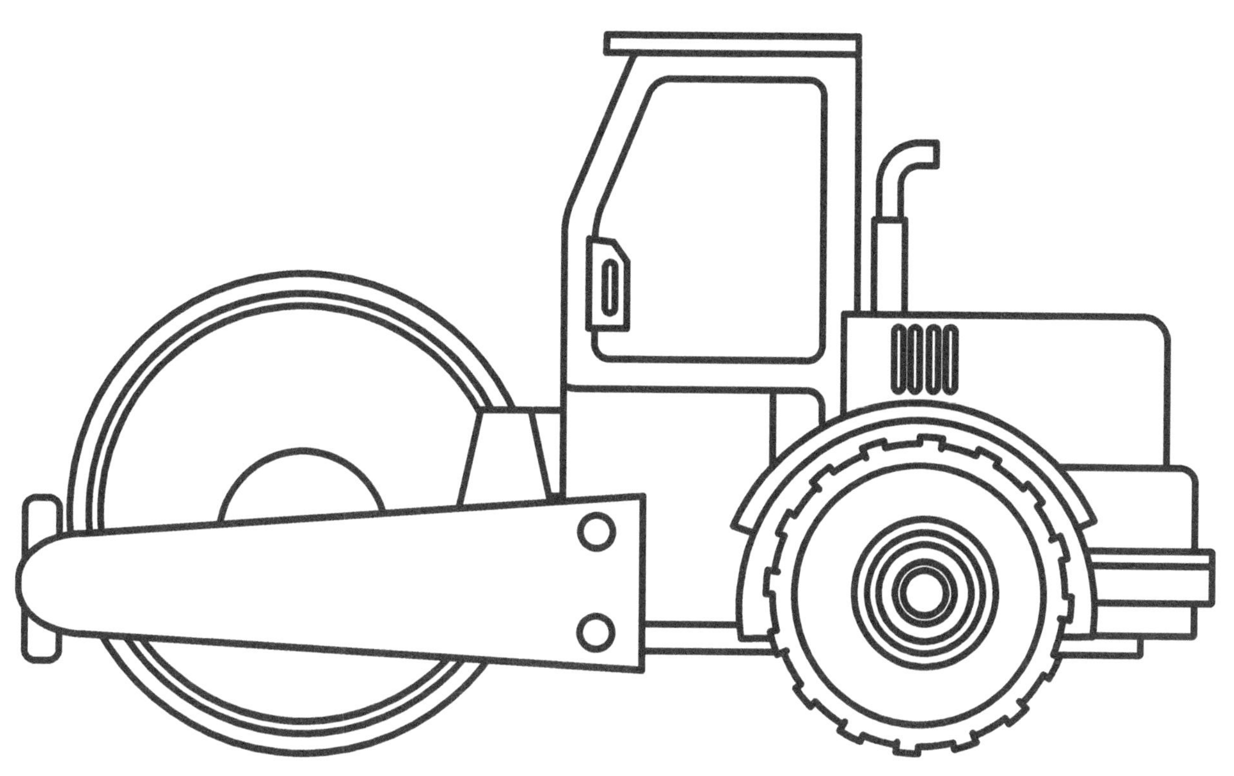

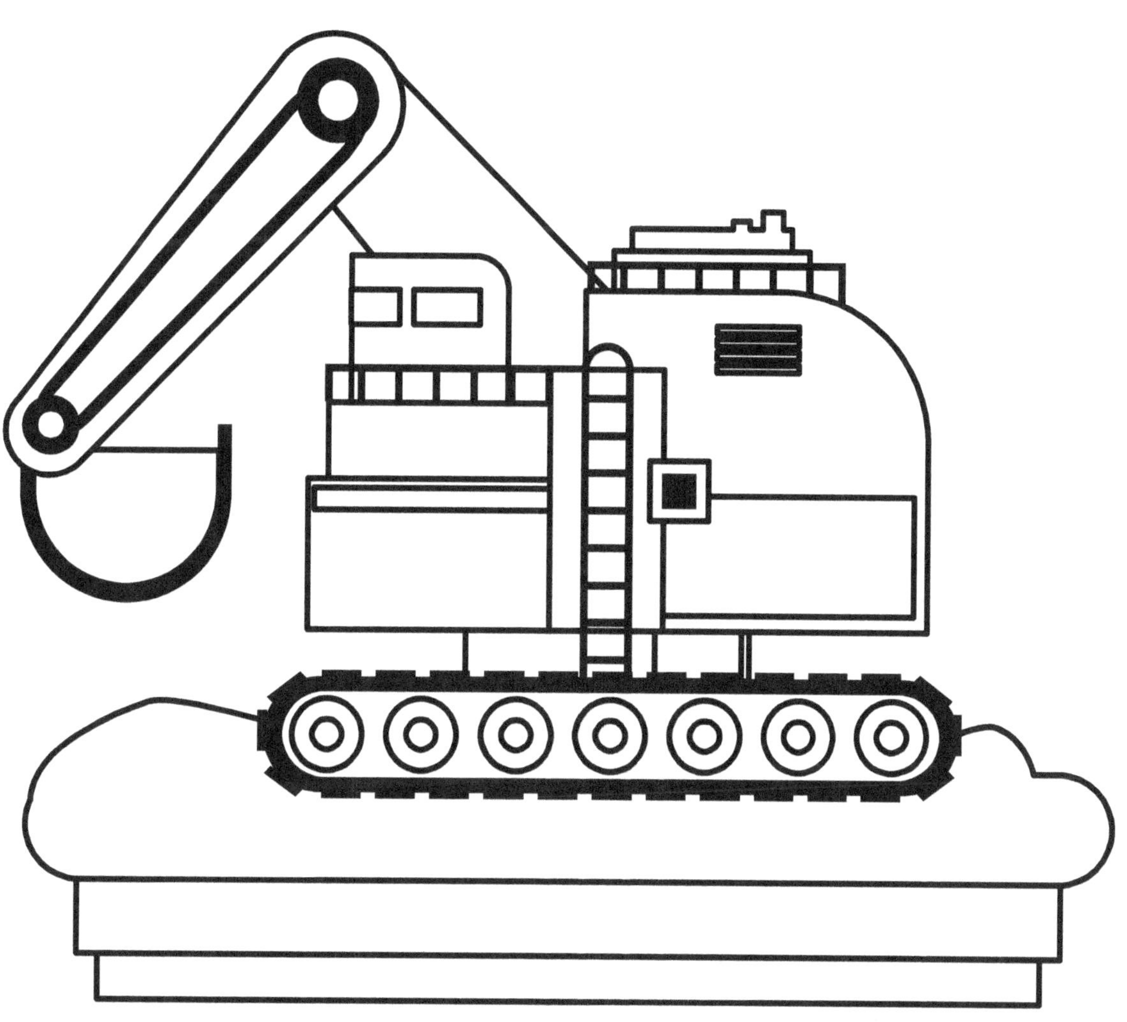

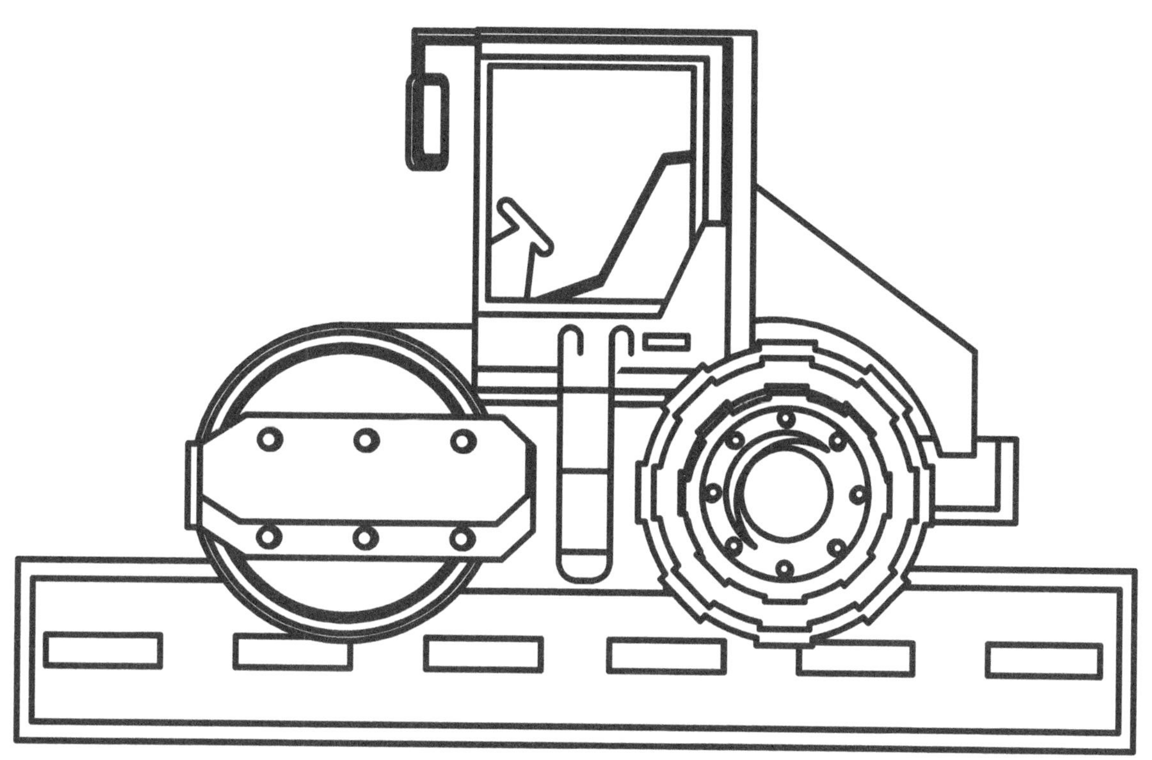

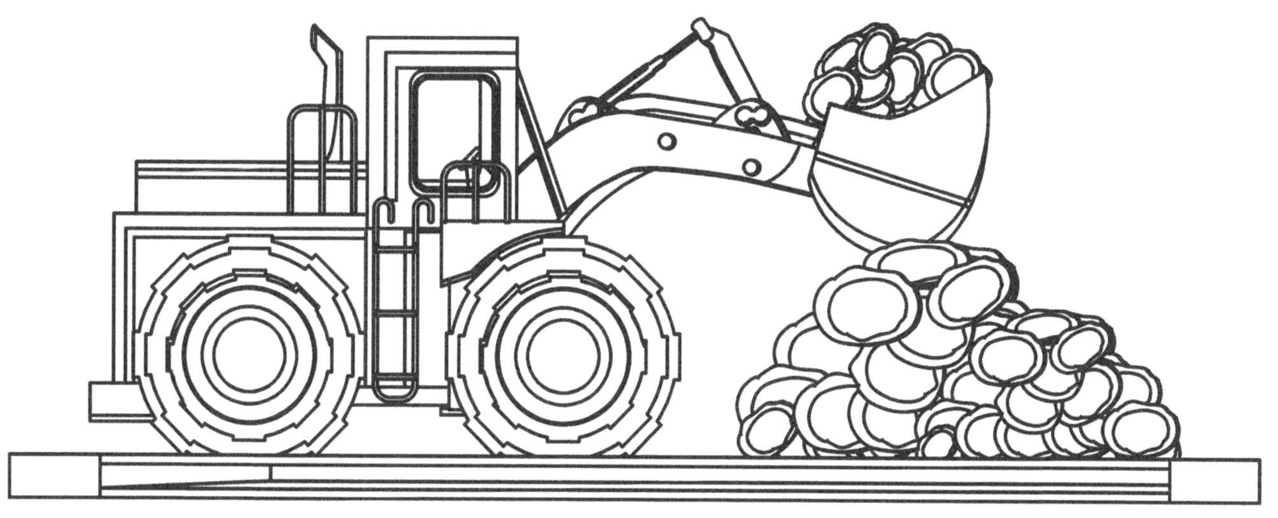

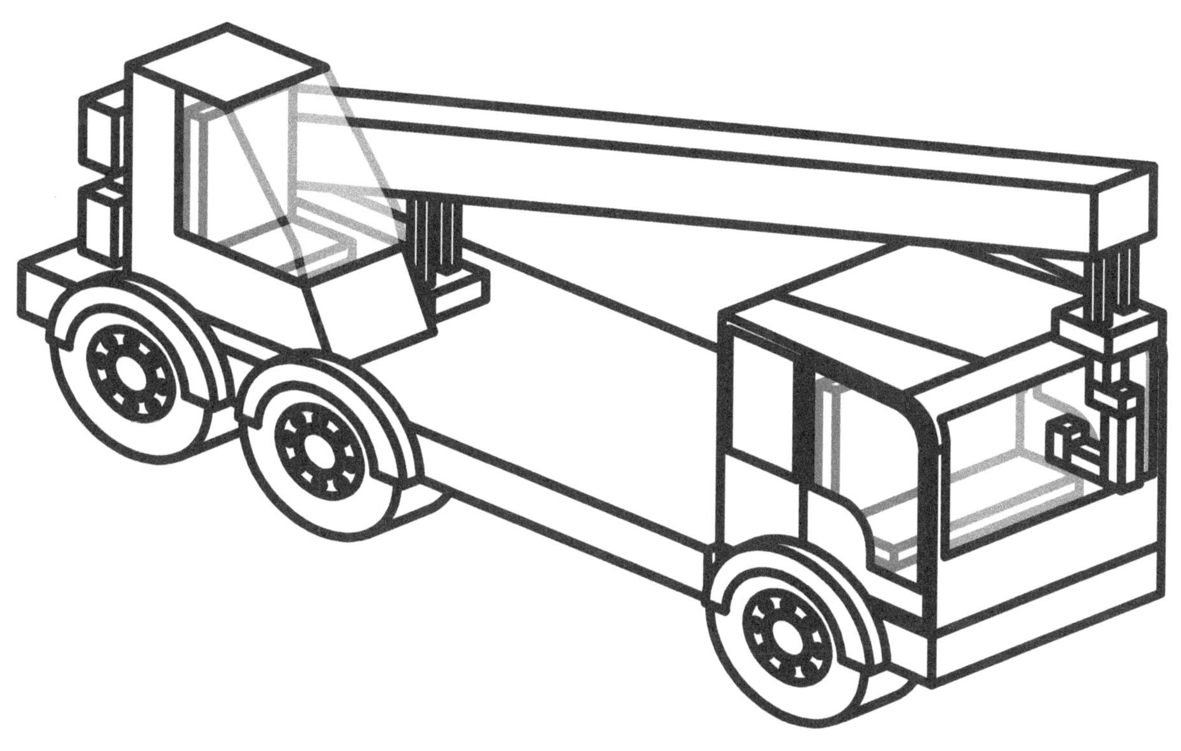

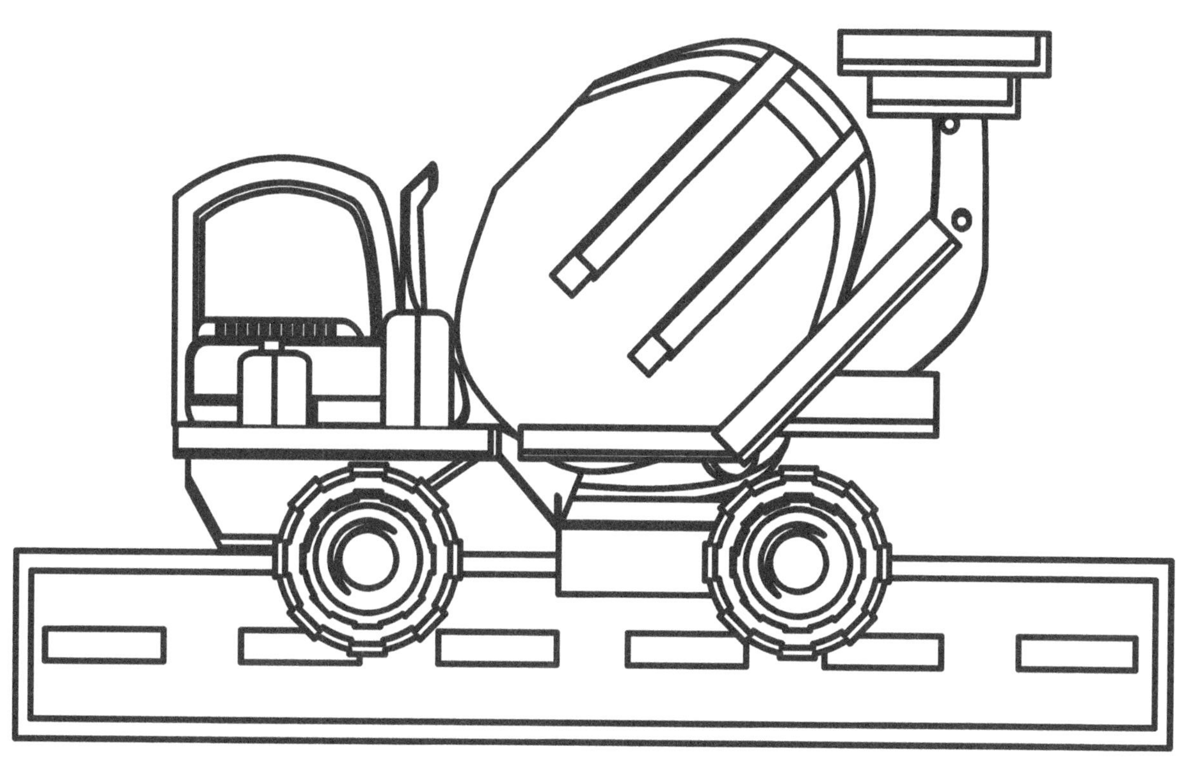

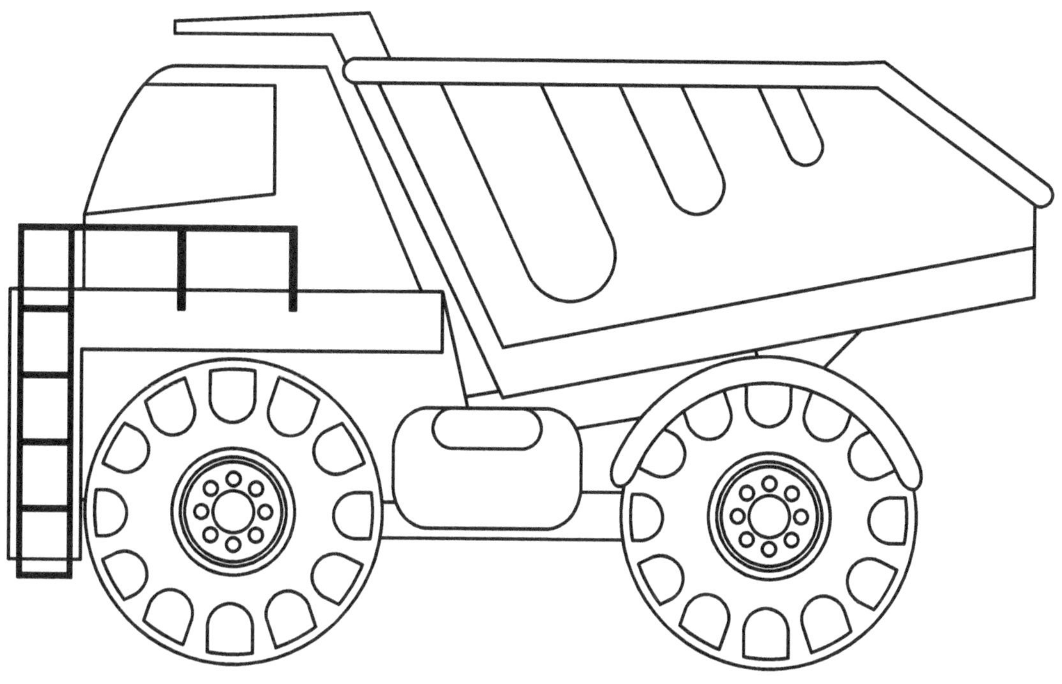

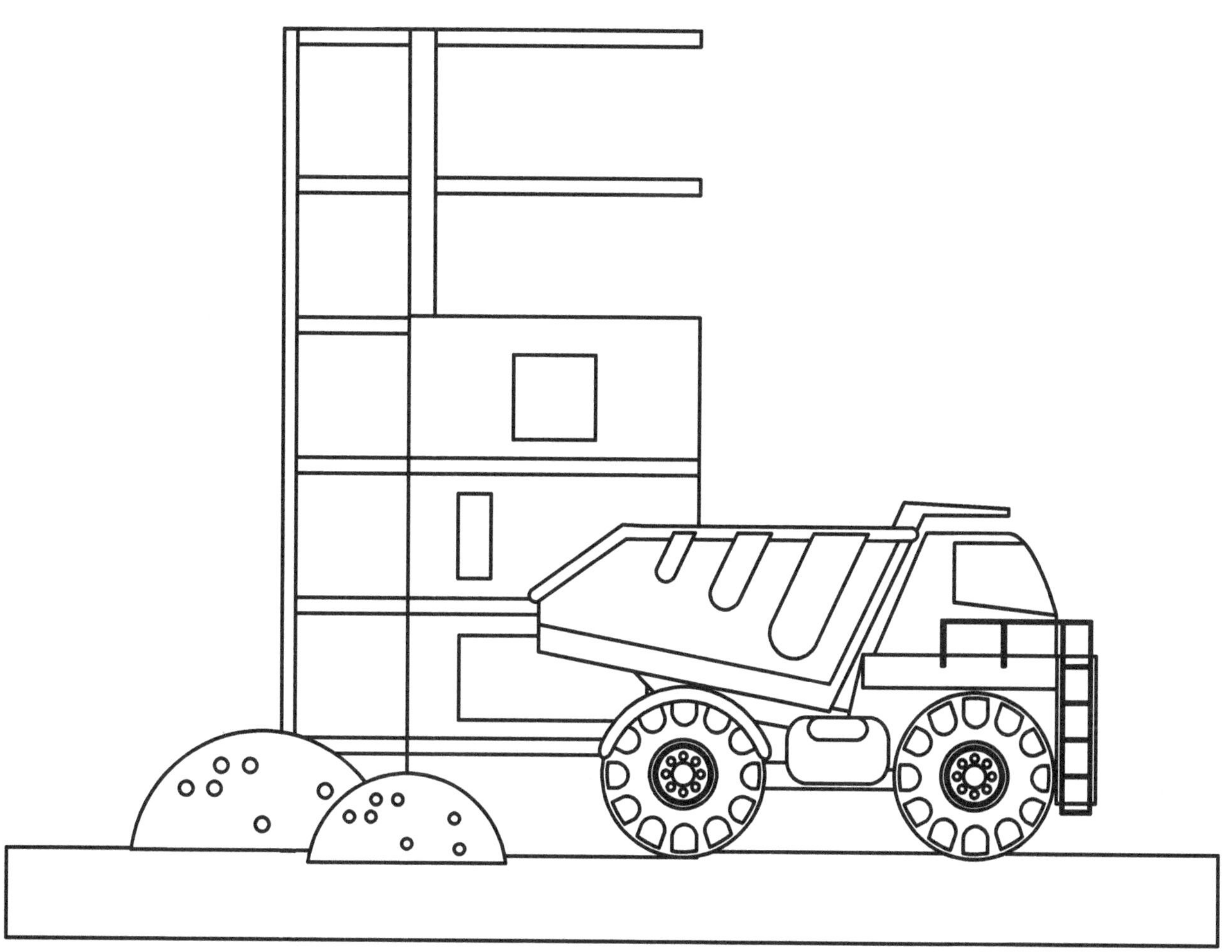

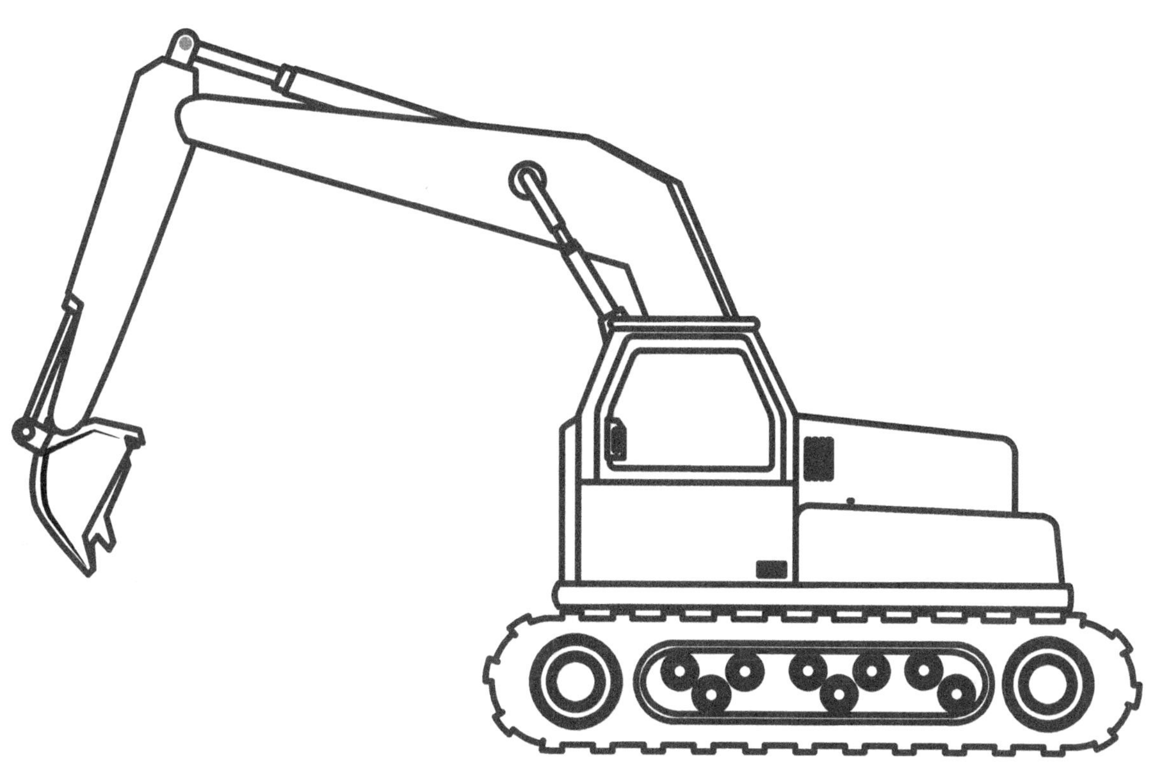

www.ingramcontent.com/pod-product-compliance
Lightning Source LLC
Chambersburg PA
CBHW080918160726
48000CB00009B/3032